मल्लिका

ओड़िया कविता

रज़ा फ़ाउण्डेशन | THE RAZA FOUNDATION

मल्लिका

प्रेम कविताएँ

देवदास छोटराय

ओड़िया से अनुवाद
प्रभात त्रिपाठी

राजकमल प्रकाशन

रज़ा पुस्तक माला : **कविता** | **अनुवाद**
प्रधान सम्पादक : अशोक वाजपेयी | सम्पादक : पीयूष दईया
राजकमल प्रकाशन प्रा.लि. और रज़ा फ़ाउण्डेशन का सह-प्रकाशन

ISBN : 978-93-88933-38-4

मूल्य : ₹ 150

पहला संस्करण : 2019

प्रकाशक : राजकमल प्रकाशन प्रा. लि.
1-बी, नेताजी सुभाष मार्ग, दरियागंज
नई दिल्ली-110 002

शाखाएँ : अशोक राजपथ, साइंस कॉलेज के सामने, पटना-800 006
पहली मंजिल, दरबारी बिल्डिंग, महात्मा गाँधी मार्ग, इलाहाबाद-211 001
36 ए, शेक्सपियर सरणी, कोलकाता-700 017

वेबसाइट : www.rajkamalprakashan.com
ई-मेल : info@rajkamalprakashan.com

मुद्रक : यश प्रिंटोग्राफिक्स
नोएडा-201 301 (उत्तर प्रदेश)

MALLIKA
(Poems) by Devdas Chhotray
Translated by Prabhat Tripathi

मल्लिका के लिए

कुछ लड़कियाँ दिखती हैं प्रखर दिवालोक सी उज्ज्वल,
लेकिन मैं प्यार करता हूँ उनसे जो बिलकुल रात की तरह
सुन्दर हैं।

—ज्याँ इयूस्टेचे

(१९७३ के कांस फ़िल्मोत्सव में पुरस्कृत
फ़िल्म 'द मदर एण्ड द होर')

मल्लिका के लिए

कुछ लड़कियाँ दिखती हैं प्रखर दिवालोक सी उज्ज्वल, लेकिन मैं प्यार करता हूँ उनसे जो बिलकुल रात की तरह सुन्दर हैं।

—ज्याँ इयूस्टेचे

(१९७३ के कांस फ़िल्मोत्सव में पुरस्कृत फ़िल्म 'द मदर एण्ड द होर')

आमुख

अशोक वाजपेयी

आमुख

कलाओं में भारतीय आधुनिकता के एक मूर्धन्य सैयद हैदर रज़ा एक अथक और अनोखे चित्रकार तो थे ही उनकी अन्य कलाओं में भी गहरी दिलचस्पी थी। विशेषतः कविता और विचार में। वे हिन्दी को अपनी मातृभाषा मानते थे और हालाँकि उनका फ्रेंच और अँग्रेज़ी का ज्ञान और उन पर अधिकार गहरा था, वे, फ्रांस में साठ वर्ष बिताने के बाद भी, हिन्दी में रमे रहे। यह आकस्मिक नहीं है कि अपने कला-जीवन के उत्तरार्द्ध में उनके सभी चित्रों के शीर्षक हिन्दी में होते थे। वे संसार के श्रेष्ठ चित्रकारों में, २०-२१वीं सदियों में, शायद अकेले हैं जिन्होंने अपने सौ से अधिक चित्रों में देवनागरी में संस्कृत, हिन्दी और उर्दू कविता में पंक्तियाँ अंकित कीं। बरसों तक मैं जब उनके साथ कुछ समय पेरिस में बिताने जाता था तो उनके इसरार पर अपने साथ नवप्रकाशित हिन्दी कविता की पुस्तकें ले जाता था : उनके पुस्तक-संग्रह में, जो अब दिल्ली स्थित रज़ा अभिलेखागार का एक हिस्सा है, हिन्दी कविता का एक बड़ा संग्रह शामिल था।

रज़ा की एक चिन्ता यह भी थी कि हिन्दी में कई विषयों में अच्छी पुस्तकों की कमी है। विशेषतः कलाओं और विचार आदि को लेकर। वे चाहते थे कि हमें कुछ पहल करनी चाहिए। २०१६ में साढ़े चौरानबे वर्ष की आयु में उनकी मृत्यु के बाद रज़ा फ़ाउण्डेशन ने उनकी इच्छा का सम्मान करते हुए हिन्दी में कुछ नयी क़िस्म की पुस्तकें प्रकाशित करने की पहल *रज़ा पुस्तक माला* के रूप में की है, जिनमें कुछ अप्राप्य पूर्व प्रकाशित पुस्तकों का पुनर्प्रकाशन भी शामिल है। उनमें गाँधी, संस्कृति-

चिन्तन, संवाद, भारतीय भाषाओं से विशेषत: कला-चिन्तन के हिन्दी अनुवाद, कविता आदि की पुस्तकें शामिल की जा रही हैं। सभी पुस्तकों पर रज़ा साहब और उनके समकालीन मित्र चित्रकारों आदि की प्रतिकृतियाँ आवरणों पर होंगी।

हमारे समय में सामाजिक यथार्थ और सामाजिकता का ऐसा आतंक है कि प्रेम-कविता की जगह घटती गयी है—उसे सामाजिकता से भटकाव की विधा तक क़रार दिया गया है। ऐसे प्रेम-वंचित समय में ओड़िया के प्रसिद्ध कवि देवदास छोटराय की प्रेम कविताओं का हिन्दी के प्रसिद्ध कवि-आलोचक प्रभात त्रिपाठी के अनुवाद में यह संचयन ताज़ी हवा की तरह है। प्रेम मनुष्य का स्थायी भाव है और उसका कविता में अन्वेषण सदियों से कविता के लिए अनिवार्य रहा है। ओड़िया में, सौभाग्य से, जातीय स्मृति सक्रिय-सजीव है और वह इस कविता में अन्त:ध्वनित होती रहती है। हिन्दी में इस अनुवाद का महत्त्व इसलिए होगा कि यह कविता में प्रेम और स्मृति के पुनर्वास की कविता है। रज़ा फ़ाउण्डेशन इस पुस्तक को सहर्ष प्रकाशित कर रहा है।

अशोक वाजपेयी

जून २०१९, नयी दिल्ली

मल्लिका के बारे में

मल्लिका एक साधारण लड़की है, साँवले रंग की, लेकिन उसे जितना भी देखो, वह न तो सिराती है और न ही उसके रहस्य का अन्त होता है। इसीलिए शायद किसी एक कविता में मैंने लिखा था, सिर्फ़ एक साधारण लड़की का रहस्य, जीवन और कविता, दोनों को आवृत्त करके बचा रहता है।

मल्लिका है कौन? कई लोग पूछते हैं। कभी-कभी दुखभरे मन में मैं भी ख़ुद से पूछता हूँ, आख़िर वह मेरी है कौन? बहुत थोड़े दिनों के लिए आयी थी मल्लिका, किन्तु जाने के बाद भी वह इतनी ज़्यादा बची हुई है, कि मेरे आगत कई जन्मों को भी वह आच्छन्न किये रहेगी।

उसको खोने की भयंकर भूल मेरी हर रात का दुःस्वप्न है। उसके भीतर भी मल्लिका आती है, कभी-कभी, सफ़ेद डोरिया साड़ी पहनकर, मलिन सुन्दर देह, शुरू सन्ध्या सा मुख, पत्थर से निर्मित। उदास और क्षमाहीन।

मल्लिका का मोबाइल नम्बर, बेशक, मेरे पास नहीं है, लेकिन वह इतने क़रीब रहती है, कि मेरे नम्बर पर फ़ोन आने पर वह जान जाती है। मेरी साँसों की आवाजाही भी वह सुन पाती है। बेशक, उसके बारे में, या उसे आड़ करके लिखी गयी इन सारी कविताओं को वह न ही पढ़े, तो बेहतर।

—देवदास छोटराय

२५ अक्टूबर २०१४

आलम चाँद बाज़ार कटक

क्रम

तुम और क्या ला सकती हो दुख के सिवा

मल्लिका का बुख़ार

दो मिनट की मल्लिका

मल्लिका

यह फागुन बड़ा निर्मम है मल्लिका
पर कभी तो ऐसा वक़्त भी था
कि हम दोनों
घूमते थे साथ-साथ
हालाँकि बाहर घूमकर भी कुछ फ़ायदा नहीं
सिर्फ़ पेट्रोल और धूल की परत जम जाती थी
तेरी नयी-नयी फ्रॉक पर

मल्लिका! तुझे कितनी रातों कितनी दुपहरियों में
देखा है
यीशु के क्रॉस की तरह तेरी निष्ठा
मेरी आँखों और होंठों पर,
मेरे बाप-दादाओं के रक्त से भी प्राचीन
सत्रह ठो हायसिन्थ के फूल डोरिया धागे में
अरबियन नाइट की तरह तुझे जोड़ते हैं मल्लिका!

क्या तुझे याद है, छोटे से क्वार्टर में
मेरे-तेरे पिताओं के पास-पास रहने के समय
हम गिरजे की तरफ़ जाते थे घूमने,
निरन्तर पढ़ते थे सॉनेट चाँदनी के उजास में

किसी अँधेरी सीढ़ी या बरामदे पर तेरी देह को
जकड़ कर, अगर काउण्ट ऑफ़ मॅण्टेक्रिस्टो की तरह
कभी मैं चुम्मी ले लेता था, तो तू मूँद लेती थी
अपनी दोनों आँखें (सिनेमा की नक़ल)।

ग्रीष्म दिन

गर्मी के ऐसे ही दिनों में मैं उसे पाऊँगा
जब कबरी में दमकती है सुवर्ण छावनी
हीरे-जड़े नख। निशा लगती हाथी दाँत सी

मैं उसे पाऊँगा इन्हीं ग्रीष्म दिनों में
जब सारा कुछ विस्मरण
क्लेशमय ऋतु शीत की (सिठाकर सफ़ेद हाड़ का विवर)
फागुन की विभीषिका, हेमन्त के सारे अत्याचार
जब सारा कुछ विस्मरण
जब सारा कुछ मिल जाता
सारा कुछ मिट जाता गोपन में

मैं उसे पाऊँगा इन्हीं ग्रीष्म दिनों में
जिस समय सब कुछ दुर्घटना
मेरी विश्वस्त उँगली की तरह
सब कुछ एकान्त प्राचीन
जिस समय आदिम नक्षत्र एक
लुढ़कता चला आता आधी रात को
और निकिल[१] के चूरे की तरह फेंक देता
उसे दूर, मुझे दूरान्तर पर

अनउजले शस्य की तरह मैं होता हूँ
एप्रिल की स्मृति
उस निक्षिप्त उदास निर्जन में
मैं उसे पाऊँगा ऐसे ही ग्रीष्म के दिनों में

---

१. निकिल : एक धातु चाँदी और थोड़े सुनहरे रंग की।

याद आता है

याद आता है खुली देह सा निष्कपट और उदार आकाश
टप-टप झरती आँख की ओस भिगोती सेमल का वृक्ष
याद आते रात के धूसर पाँव, पैजन और रेत की सीढ़ी
याद आती उसकी बात, जैसे वह हो करुण मिस्त्र

याद आती उसकी बात, जिसकी दो आँखों के आकाश में
श्रावण के सारे मेघ, सारी नदियाँ, झील सी तिरतीं
जिसकी देह की म्लान ऋतु यन्त्रणा में क्रमशः नीली होकर
विषण्ण पत्ते की तरह श्याम क्रूर कुहरे में मिलती
आक्रोश की रात सी क्या नहीं होगी कभी शेष
प्यार करने की ग्लानि, छायाछन्न निबिड़ प्रदोष

मल्लिका का घर

मल्लिका का घर याद आता, छोटा सा वह फूस छानी घर
तिनकोनिया टेबल एक, जिस पर कुहरे की छाया
जम जाती थी शाम को, बुनती थी शोक की पोशाक
टिम-टिम लालटेन, क्लान्त नील आहत आलोक

मल्लिका का छोटा सा घर, बीत जाते पहर-पहर
दो बूँद करुण रक्त, किसी एक मृत नक्षत्र की
भिगो देती उसकी आँखें, चेहरा मेरा सिठा जाता
छानी पर सिहर उठता छोटा एक उदासीन चूहा

गाढ़ी होती शहर की रात। एक ध्यान में लोहित पाप का
सारांश वह लिख जाती, फूल जाती गर्दन की नीली नस
मैं मूरख, हिसाब करता, कितनी नदियाँ कितने समुद्र
कितनी झीलें, कितने बादल होने पर होगी एक बौछार

मैं होता निर्जन परछाईं, वह अपना निष्फल श्रावण
बीच में वह टेबल, जिसके होते सिर्फ़ तीन कोण

गल्प

एक बूढ़े वकील के सिर सी प्राचीनता
झाँकती है (मेरी कहानी मामूली है) सदियों पुराना
घर जी उठता। समूची दीवार पर दादी की घड़ियाँ
कातर हिरन सिर। सिंह द्वार के रस्ते पवन
घुस आता सैनिक की तरह, चुनौतियाँ चिल्लाता
किताबों की अलमारी में फूलता दीमकों का जहाज़
धुँधले दर्पण में ओ महारानी
तुम्हारा प्रसाधन नज़र आता नहीं पूरा
दिखता नहीं उच्छन्न हृदय
एक नंगा हाथ भर जलता रहता वृक्ष सा

आपत्ति

तुम न आतीं तो अच्छा होता
जाने क्यों बहुत अकेला लगता है
तुम्हारे होने पर
सारा दिन

सामने आते नहीं बनता। इतनी घनिष्ठता के कारण
सब कुछ जान लिया जाता है। बूँद-बूँद पाप
काले तिल की तरह जम जाता
पूरे चेहरे पर

पीठ करते नहीं बनता। इतने कलंक से भरी
फिर भी पड़ती छाया। सूर्य कुछ जला नहीं पाता
फिर भी काई सी जलछवि बची रहती।
पूरी पीठ पर

आड़ करते नहीं बनता। इतने अध:पतन के बावजूद
हृदय के हृदय में होता कष्ट
अजनबी की तरह खड़े रहना नहीं आता
जनम भर

असम्मति

कहीं विमुख नदी, कहीं सम्मति की रेत
मुझे पता है तुम जानती हो, कि मैं जानता था
कि तुमने मुझे अप्रैल में बार-बार चाहा था

रास्ते की क्षुधा को देखो। टखने का सारा दर्द
अकृतज्ञ चैत की तरह, तुम्हारे घर से एरोड्रोम तक
जल रहा है (ऐ मल्लिका! प्रेम है एक श्यामल क़र्ज़)

ओ मेरी क्लान्ति के वृक्ष, दूरारोग्य आत्मप्रच्छन्नता
धर्म जिस गोचर का, उसकी बात किससे कहता
फिजूल क्यों भेजता मैं अपनी इच्छा के धवल बैल को

कहीं काठ की आवाज़, कहीं चाँद सौदागर
हिरन छाल का ख़त, दुर्विनीत लौह के अक्षर
स्वाधीन आकाश बोल, कि सम्मति से, मृत्यु कितनी दूर

अनुपस्थिति

और मत गिराओ तुम
थप-थप आँसू आलोक के
ग़लत ठिकाने पर

मैं अब यहाँ नहीं हूँ
मैं किसी गली के सिरे पर
बतख की बदसूरत बेडौल उँगली बना
घिसटता हूँ

अब और साबित करके लाभ क्या
उजली परछाइयों की, नदी की
दुपहर की बात

मैं अब यहाँ नहीं हूँ
मैं किसी घनघोर जंगल में
वृक्षों का ज़ख़्म होकर जलता हूँ

फिर वर्षा

फिर वर्षा
फिर सारे डालों–पत्तों पर
हवा की गीली शुभध्वनि
फिर रास्तों की लम्बी दीवानगी
टेलिग्राम सी बिजली

अनुष्टुप छन्द सा मेघ
अविरल आतुर, स्वाधीन
झरता अकेले–अकेले
उड़ती मसहरी जैसी जलबूँद
पुनः बुला लाती स्मृति को
पुनश्च मल्लिका

दो मिनट की मल्लिका

मल्लिका यहाँ पर थी दो मिनट
फिर विच्छेद, फिर फफूँदलगा वक़्त लौटेगा
वे दो मिनट मगर, भरे थे ऐसे उल्लास में
जिन्हें लेकर लिखी जा सकती है महान् कविता

कविता तो लिखी जा सकती है
पर मल्लिका उसे पढ़ेगी नहीं
वो परवा नहीं करती किताबों की।
पान खा सकती है
मुँह अक्सर भरा रहता, प्रशस्त और उदार हँसी से
लेकिन हाथ के नाख़ून उसने फिर किये
नुकीले और प्रखर काँटेदार
वक़्त ज़रुरत उसके साँवले और चिक्कन मुँह पर
अलग और हिंस्र भाव में लौटता है
उसका सम्पूर्ण नारीत्व

नारीत्व लौटता तो है,
पर उसके भीतर चौबीस साल की नारी
सोयी हुई है अगोचर, उसे नहीं आता ख़याल
उसे दवा की गन्ध, रुक्ष लगती। ज़्यादा दिखावे की

बात उसे क़तई नापसन्द, ईश्वर पर अविश्वास नहीं
यहाँ तक कि, कठोर क्रोध में

केवल एक स्वप्न : उत्तेजक या विषण्ण
वह नहीं जानती, उसे बेचैन करता है बार-बार
वह देखती है, कि बीच बाज़ार में
खुल गयी है उसकी साड़ी
तेज़ और शरारती हवा से
वह लड़ती है हवा से, इधर-उधर होती
असँभाल आँचल, कभी उघरता स्तन
कभी दिख जाता जाँघ जोबन
देखते हैं ग्राहक
और उनसे कहीं ज़्यादा वयस्क दुकानदार

वह बुरा नहीं मानती, बल्कि ख़ुश होती, कि वह
सोयी है नींद में, अपने कमरे में,
आधा स्वप्न देखते-देखते
उठ जाती दो मिनट में
मल्लिका यहाँ थी, सिर्फ़ दो मिनट असमंजस में
आयी थी, फिर भी बैठी, सादा पान चबायी
पैर हिलाये, न रोयी, न ठहाका लगाया
बिना बोले चली गयी उठकर दो मिनट में
जैसे टूट गया स्वप्न

स्वर्ग–नर्क और मल्लिका

स्वर्ग–नर्क और मल्लिका

मल्लिका, तेरे लिए गया, बारम्बार, स्वर्ग को नर्क को
न जीत सका तेरा मन, न जीत सका तेरी देह

मल्लिका! स्वर्ग में बड़ा कष्ट होता है। उदासीन सौधमाला
आक्सीजनरहित हवा, रास्ते के दोनों तरफ़ नम्र धवल सर्प
अत्यन्त महँगी वेश्या, अनुतापहीन स्वरमाला
सोने के खड़ाऊँ पहने सुनसान में रोते हैं ईश्वर

मल्लिका! नर्क बड़ा ही मनोहर, तेरी आँखों के आँसू से
झलमल निरीह टगर[1] और जगह–जगह पर रबर
और ट्रक जलाने की गन्ध, रक्त और पाप की गन्ध
कित्ती सुरम्य गन्दगी। दुख की तरह निरापद बन्दीघर
श्यामल गणिकाओं के झुण्ड, कुत्तों और सब्ज़ी के छिलकों से
भरी गलियाँ, सड़कें और अनेक परिचित लोग

मल्लिका, उस दिन तो तू राजी हो गयी थी
मेरे साथ नर्क जाने को। जिस रोशनी में कौमार्य
होता है, लुण्ठित। वही रोशनी थी, सारे कमरे में, मैंने कहा
उठ, चल, चलेंगे नर्क को, जब तक मैं रिक्शा लेकर
आता हूँ, तू पहन ले कपड़े, और मैं गया बाज़ार को
लौटते समय, सारा कुछ करके अँधेरा, एक पराहत आशा

और मेरे समूचे हृतपिण्ड में भरे थे लाल कीड़े

हाँ, आता और कौन, सिवा प्रवंचक पवन के

मल्लिका! तेरे लिए गया उदासीन स्वर्ग को जहाँ
धवल पताका उड़ती है, निश्चल आलोक में
मल्लिका! तेरे लिए गया नर्क को जहाँ
संतप्त प्रतिज्ञा जलती है, राजधानी के रास्ते के दोनों ओर
तू नहीं थी किसी जगह, तूने तोड़ा अपना वादा
न कभी हृदय दिया, और न कभी अर्पित की अपनी देह

---

१. टगर : एक सफ़ेद फूल बारहमासी या सदाबहार।

न्यूयार्क में मल्लिका

यहाँ इन टूटते तारों के भीतर
हवाई जहाज़ के हिंस्र घुमरते कबूतरों के भीतर
सत्ता पतन के उपन्यास के भीतर
आकस्मिक छोटे सुख के अट्टहास के भीतर
गोधूलि में गायों सी कारों की गोठ में
मोहित रोशनी के होंठ में
यौवन के मौलिक अपचय के भीतर
छद्मवेश के कटाक्ष विनिमय के भीतर
स्वर्ग तक सीढ़ी वाले घर के भीतर
ईषत् दाढ़ी वाले, वीर के भीतर
जीन्स पहनी संन्यासिनी लड़की के भीतर
उन्निद्र और क्षुरधार लड़कों के भीतर
वातानुकूलित दुःस्वप्न के सेलर के भीतर
ताज़ा हरे रंग वाले डॉलर के भीतर
महाविष्णु ऑर्केस्ट्रा की आवाज़ के बिखरने के भीतर
न्यूयॉर्क के पवित्र आँखों के झपकने के भीतर

तू यहाँ बैठी क्या कर रही है पगली
अकेले इतने वर्षों से
बहुत कष्ट दे चुकी
अब घर आजा

(२)

आधा हलदिया[१] एक मायावी आलोक
पहले, मुझे अचम्भित कर बुला लेता है
तेरे प्रेम के निष्ठुर द्वीप में
जहाँ तेरे परिणत नारीत्व की पाषाण प्रतिमा

एक शिल्पी खोजती है
आधा हलदिया एक मायावी आलोक
तुझे लाकर खड़ी करता है मेरे पास
इस निष्ठुर न्यूयॉर्क के महँगे बाज़ार में
एक नहीं, सोलह चाँद आज झिलमिलाते हैं
तेरी समूची देह में। यह कैसा छद्मवेश
तू तो इत्ती सुन्दर न थी कभी, यहाँ तक
कि हमारे घनिष्ठतम मुहूर्त में भी।

आधा हलदिया एक मायावी आलोक
फिर तुझे लौटा देता, पुरानी चिट्ठी की
उस अलंघ्य दूरी तक
तेज़ कर देता है दीप नैराश्य का
न्यूयॉर्क तत्क्षण उड़ जाता
साबुन की झाग में दिपते सूर्यालोक सा
मैं लौटता हूँ अपने असमाप्त बनवास में
उसके अन्धकार को चीरते
कुछ भी सच न होने के कुछेक तारे, टूट जाते
तेरे उच्छिष्ट यौवन के दिप-दिप करते हवाई जहाज़ से

---

१. हलदिया : हल्दी रंग पीला।

प्रत्यावर्तन

कितनी धूल भर गयी कार के इधर और उधर
प्रियतमा तुमने देखा नहीं
कितने दुख भर गये धूल में, धुआँ में
प्रियतमा तुमने देखा नहीं

धूल और धुएँ से गढ़े अवयव। कितनी बड़ी
विस्तारित आशा ने, एक में किया है सब कुछ। कितनी
अकस्मात् हिंसा, रह गयी, कार के इधर और उधर
प्रियतमा, तुम चली गयीं,
जाओ, रहो, किसी अन्य नक्षत्र में
अन्य किसी युवक के साथ, कोई आपत्ति नहीं
मैं वैसे ही रहूँगा,
युवतियों और सब्ज़ी दुकानों से बिद्ध
इसी निर्लोभ शहर में

सब तो लौटेगा एक दिन। मृत्यु से पराहत आशा
दुख से दुखहीन दुख। हृदय से हृदयहीनता
फिर तो लौटेंगे एक बार ईसा,
टँगे-टँगे हवाई जहाज़ में
उनकी परछाईं पड़ती होगी,
पीड़ित रण्डियों से भरी समूची छत पर

धीरे-धीरे भर जायेगा रास्ता, कौमार्य और सब्ज़ी गन्ध से
फिर तो लौटोगी तुम, क्षमाहीन क्लान्ति के जहाज़ में
और उड़ेगी नहीं धूल, खड़ी होगी निश्चल कार
मैं वहाँ से तुम्हें करूँगा मुक्त, अदृश्य यन्त्रणा सी
दीर्घ एक विकट अट्टहास की मदद से।

मल्लिका की चिट्ठी

तुम बहुत स्वार्थी हो। मल्लिका के सफ़ेद रक्त में
तुम्हारा उदासीन पाप, तिर रहा है लाल मछली होकर
आओ, देखो, अविश्वासी सूर्यालोक में, बग़ीचे में फूल
और नीली नदी में चमचमाती मछली नंगी छुरी सी
फूल पर काँपता एक भीतित्रस्त साँवला धीवर
क्या जाने कहाँ से आते हो, लोकारण्य बाज़ार से
सुकुमार देह की पलंग पर। पता नहीं कहाँ जाते हो,
मेरे उघरे स्तनों से दूर, बहुत दूर के ग्रह के आलोक में
फिर एक दिन लौट आता गोधूलि के सुसज्जित जहाज़ में
चुम्बन से क्षत-विक्षत तुम्हारा दीर्घ अहंकारी शरीर
लज्जित और निर्वासित तारे सा टूट गिरता
मेरी क्लान्त गोद में
मेरी ईर्ष्या, सोने की मक्खी करती है गुनगुन गुनगुन

तुम बड़े स्वार्थी हो। मल्लिका के बालिका रक्त में
तुम्हारा प्रशस्त पाप सजाता है, जरी का खिलौना
आज कल होते होते, बीत जाते दिन,
तुम जाओ ही नहीं होकर, रहो
मैं सिर्फ़ दायित्वहीन सपने देखती हूँ, धुँधली रात में
कि मैं नर्तकी के वेश में, कटक में, उघरे स्तनों के साथ
तुम्हारा रास्ता रोके खड़ी हूँ। तुम तेज़ घुड़सवार बनकर

चले गये जाने किस तरफ़, एक बार भी मेरी तरफ़ ताके बग़ैर
और उसके बाद अन्धकार। नींद नींद नींद। अन्धकार
उसके बाद, बहुत दूर से क्षीण स्वर में, क्षीणतर स्वर में
छोटा लाल टेलिफ़ोन बजता है, टिन टिन, टिन टिन
मल्लिका आँखें खोलती है। अश्वारोही, क्या तुम बुला रहे हो ?

वह आदमी

उस आदमी ने एक दिन छुई है मल्लिका की विकसित देह
उसी ने की है स्पर्धा, लिखने को मोहित कविता
उस आदमी की माँ नहीं रही पिछले दिसम्बर से

वह चुप ज़रूर है लेकिन
उसने भोगी है निःशब्द पिपासा,
किनारे की रोशनी की कतार, नदी का अन्धकार
उसने सब देखा है। ख़ुशक़िस्मती से उसे
एक छायानींद, विमर्ष और क्रूर
रोज़ बुला लेती है
अपनी कँटीली गोद में
नींद के सिरे से जब सुन पड़ती
आवाज़ रूखड़े कबूतरों की

उस आदमी ने गँवाया है अपना अधिकार
प्रतिद्वन्द्वी के लौटने के बाद
जीभ की सन्तुलित भाषा
प्रतिध्वनि के लौट जाने के बाद
देह के अनमनेपन में, ऋतु के कटाक्ष में
वह आदमी भूला है क्रमशः
नदी, नारी, माटी, मातृभूमि

वह आदमी हार चुका है अपना सम्मोहन
अभिषेक ख़त्म होने के बाद

मल्लिका लौटेगी, कहा था उसने
दस बरस हुए, लौटी नहीं अब तक
उस आदमी के रक्त से, धीरे-धीरे कम हो जायेगा
कविता लिखने का अपराध
माँ नहीं रही, जानकर भी
और एक बार आता है दिसम्बर

मल्लिका मल्लिका

मल्लिका, मल्लिका, अगर तुम राजी हो जाओ
संग-संग मरने को, तो मैं छोड़ दूँगा जीवन
छोड़ दूँगा लोभनीय राजत्व और सुगन्धित संन्यास
एक साथ छिपकर जायेंगे, राजी हो जाओ
सुरंग पीड़ित दुर्ग, वनभूमि, कल्लोलिनी नदी
अनायास कर लेंगे पार। मातृजठर से
जिस रस्ते आया था तुम्हारी कलामयी देह में
उसी रस्ते में ही मज़ाक़ उड़ाया जा सकेगा अमरत्व का

मल्लिका, मल्लिका, रंगीन रूमाल से सुमिष्ठ उद्यान में
तुम सिर्फ़ जानती हो उड़ना, क्या तुम्हें पता है
कि बिना इत्र के भी तुम्हारी छाती में होती है कितनी सुगन्ध
वहाँ मुँह छिपा लेने पर, नष्ट हो जाती है प्रतिहिंसा
मृत बचपन लौट आता फिर से। तुम्हारे स्वेद की धार
से अनूठा अशोक होता पुष्पवन्त
क्या तुम जानती हो, तुम्हारी क्षणिक कनखी में
पापी हत्यारा बदल जाता मनोहर मुग्ध तितली में

मल्लिका, मल्लिका, अगर तुम आश्वासन दो
मैं विश्वासघात कर सकता हूँ साहित्य के साथ
फाड़ फेंक सकता हूँ सुघड़ कला की देह,

चाँदनी में मिला दे सकता हूँ सारी गन्दगी
छोड़ सकता हूँ प्रिय, परिजन, प्राणी, उद्‌भद सारे।
तुम्हें छूने के बाद, पाप कहाँ, पुण्य कहाँ
तुम्हारी जाँघ पर, मल्लिका
मैं स्वर्गच्युत अपभ्रष्ट देवता हूँ केवल

मध्ययुग

तब उसके स्तनों में
लहर थी, विह्वलता थी
उसने मुझे सिखायी थी
चुम्बन की उत्तप्त विधि
उल्टी मछलियों सी
दो जीभों का युद्ध
आग और बर्फ़ के भीतर

आत्मा थी मुक्त
पर छटपट
मन्दिर की पताका सी
कितने अनायास हम
दाँव पर लगा सकते थे शरीर को
अकेले

उस समय, आँखों में
पट्टी बाँधने की प्रथा थी
सारे देश में
राजा से लेकर क्रीतदास तक
समय भी था नपुंसक
और निर्लिप्त भी

जैसे सीढ़ी घर के ऊपर का कबूतर

न कोई विशेष दुख
न कोई भारी सुख
हमारे भीतर थे सिर्फ़
छोटे-छोटे भय
और सन्देह

जीवन एक बार और
हाथ में नहीं आ पाने का भय
और सन्देह सिर्फ़ इतना कि
जो इतनी सहजता से होती है निर्वसन
क्या वह सिर्फ़ मेरी है?

आँख का नरम हाथ

आँखों के नरम हाथ
फिर जाते जब तुम्हारी समूची देह में
सहलाकर, तुम्हारे रूखे बादामी केशों को
इच्छा होती, तोड़ कर दो चार तारे
झूमकों की तरह वहाँ झुला देने की

आँख का, मेरा नर्म हाथ जब
खोज लेता तुम्हारी पलकों की आर्द्रता
इच्छा होती, सावधानी से झाड़ दूँ
तुम्हारे अनमने परिधान में
लगी धूल और माटी को
तुम्हारी देह से टकराकर लौट गये
उस घुड़सवार की लालसा के दाग सारे
घोड़े के खुरों की आकृति

न चाहो तो नहीं, सिर्फ़ सोयी रहो
आँख के इस नर्म हाथ से
तुम्हारी देह की ऊष्मता मापने तक
इतनी साधारण, लेकिन तुम्हीं तो हो उपादान
मेरे कितने सारे महार्घ स्वप्नों का

और तुम्हारी नग्नता ?
वह तो सिर्फ़ उपासना
वकलविहीन[१] एक नूतन शस्य का

१. वकलविहीन : छाल रहित/ छिलका रहित।

फिर धूप

फिर धूप
फिर उसकी पीली साड़ी भर
विवाह का निमन्त्रण और एक बार
फिर गन्ध आम्रबौर की
सक्षम आयु के सिरा जाने के बाद

दिन था, धूप थी
कच्ची अमिया सी
सुवर्ण हरित
मल्लिका के किशोरी कपोल पर

फिर धूप, सारी दुपहर
काँटों भरी छायानींद
उसकी नींद में
हवा लेकर आती
अब तक अनखुली चिट्ठी
किसी साल अप्रैल में
कुएँ के क़रीब की धूप सी
पुरानी और सरसर गीली

फिर धूप, अगिन धूप

दुपहर को लग जाती आँख
सपने में दिखता एक सफ़ेद भवन
जिसकी छत पर
गपियाती रहती एक पीली साड़ी
पारदरंगी कुछ कबूतरों के साथ
फिर धूप
सारी दुपहर
आँख खुलती, बन्द होती
गीली और ऊष्म
एक बिछौने पर
पूर्ण होता मल्लिका का गर्भकोष
बिना विवाह के
सोने सी
दो मुट्ठी तरल धूप में

मल्लिका जैसी

मल्लिका जैसी

अचानक मल्लिका सी एक लड़की
बिलकुल मल्लिका जैसी
दिखी बस स्टैण्ड के पास
आज जिस वक़्त
मेरूनरंगी[१] धूल ने
रुँध दिया स्मृति और शहर

एक ऊष्म गल्प
थोड़ी द्विधा
एक जीवन्त आशंका
रेड लाइन बस के क़रीब
एक लड़की
बिलकुल मल्लिका जैसी
दिखी बस स्टैण्ड के भीतर
आज दुपहर

पान दुकान में था हुकुम का इक्का
ज़र्दे में महक रही थी धूप
लालपान की बेग़म गयी
बस के भीतर

चमकदार साड़ी पहनी
हाथ में अटैची

थोड़ी उष्ण हवा
थोड़ी धूल, कारों की रंगीन बकपाँत
बस स्टैण्ड के भीतर
अचानक मल्लिका सी कोई लड़की
दो किताबें सीने से लगाये
बिलकुल मल्लिका जैसी
खड़ी हो गयी मेरे सामने
बीस साल पहले के उस दुख ने
फिर बढ़ाया हाथ

अप्रैल प्रेम का महीना
आग लगने जैसा गुलमोहर
जल उठता मार्केट के पास
अप्रैल कठोर मास
चम्मच में लगे दो बूँद शहद सी
सिरा जाती आशा
अचानक वह दिखी,
एक लड़की, बिलकुल मल्लिका जैसी
बीस बरस पहले के दुख ने
और एक बार बढ़ाया हाथ

---

१. मेरूनरंगी : गहरा लाल।

रविवार

हर दिन रविवार सी दिखती
ओ लड़की, बोल
इतनी धूप, इतनी हँसी
कहाँ छिपा कर रखती है अपने भीतर

इतनी जल्दी कैसे जान गयी
कि देवता नहीं रहते किताब के भीतर
तारे लगभग
पचास हज़ार मील क़रीब हो जाते हैं
रात दो के बाद। और समय को
ख़रीदा जा सकता है,
सेलफ़ोन के बैलेन्स की तरह

कैसे जान गयी कि
महज़ हस्ताक्षर सुडौल होना
एकमात्र व्यक्तिगत प्रतिभा नहीं

हर दिन, रविवार की तरह दिखती ओ लड़की,
कभी इस्त्री किये कपड़े सी महकती है,
तो कभी सान दी गयी छुरी सी हँसती है
और कभी-कभी मासान्त के रविवार की तरह

ताला जड़े होते हैं दुकान बाज़ार में
तेरी शान्त आँखों में दिखता
पुरानी फ़िल्म का गीत
हफ़्ते के सातों दिन,
कामधाम रहित रविवार सी
दिखने वाली लड़की
रूखे बाल, शहद बूँद से होंठ
तुझे क्या पता है
आजकल मैं
सुबह की अपनी सारी नींद बेच कर
तुझसे बात करने की
उम्र ख़रीद रहा हूँ।

तुम

जब तुम नहीं थीं
कुछ भी नहीं था
चाँद दिखता था
बर्फ़ के ज़ख़्म की तरह
सूर्य था
क्षय के मरीज़ के हृदय सा
पेड़ सारे
जैसे विकलांगों की कुर्सियाँ
चिड़ियों की आँख में
मुक्ता न थी
जब तुम नहीं थीं
कुछ नहीं था

तुम आयीं तो
रेशमी घासों से सज गया बग़ीचा
कम हो गया ईश्वर का भय
तस्वीर के भीतर से भी हँस उठे
दुखी लोग
अप्सरा एक बैठ गयी
मेरे रिक्शे पर

क्या तुम आईना हो
पृथ्वी के सबसे मीठे मुख का
क्या तुम मैना हो
एक पीले पिंजड़े में
बसन्त ऋतु की?
क्या तुम झरना हो
मेरे कलकल तपते रक्त का?
या फिर कोई बेनाम तारा
मेरी निर्धन छातीजेब में
क्या तुम
गन्ध हो नूतन शस्य की
भोर के समय?

तुम आयीं तो
धरती के मेघ ढके
मुख पर गिरा
सुनहली धूप का टेलिग्राम
तुम जब नहीं थीं
कुछ नहीं था।

उत्कल कहानी

सख़्त गल्प के एक खोखल में
फिर एक बार छिपी थी
राजकन्या, श्यामल रंग की
पकड़ में नहीं आयी

लेकिन मैं जानता हूँ
केवल जलीय है उसका अभ्यन्तर
उसके भीतर बारिश है, चाँद रात है
स्वच्छ काँच के गिलास की तरह पानी
और महक है तरल नदी की

चट्टान सी एक प्रतिज्ञा की परली तरफ़
उसने उतारा अपना अंगवास
जिसमें जड़े थे
नन्हे नन्हे तारे
निभृत गन्ध से भरे
छोटे-छोटे आस्तरण खोलकर
उसने अँगड़ाई ली
सचमुच क्या वह, फ़िल्म की नर्तकी, अप्सरा?

आँखों से निकाल लायी
एक छोटी झील

चमचम ठण्डे पानी की
अवगाहन के लिए
केशों से निकाला उसने
सूक्ष्म काली जाली की ओढ़नी
तम्बू सा तान दिया
अपना ख़ुद का एकान्त शृंगार
और इस तरफ़ इधर,
अपनी अधजली सिगरेट फेंक
कोशिश की मैंने
उसके उतारे कपड़ों, खोखल
और मोम की दीवार को
जला डालने की

इच्छा को भेजा चन्दन वन
जा ले कर आ, ढेर सा प्रलेप
कभी अगर लौट कर वह आ गयी
तो क्या देकर ढाँपूँगा मैं
अग्निसम्भव उसकी निर्वस्त्र देह को

मल्लिका की मृत्यु

मल्लिका, तुम्हारी मृत्यु लौट गयी
छिपकली की उपत्यका में

उस समय थी दुपहर
यन्त्रणा के कमरे ऊपर
एक वक्र परित्यक्त घोड़ा
उसकी दो स्थिर आँखों में बिद्ध
दो चमकते पीतल के फलक

शहर के आख़िरी छोर पर
रेस्तराँ के दरपन में
दिखता नहीं मुझे ख़ुद अपना चेहरा
मेरी पुतलियाँ हो जातीं स्थिर पीतल की

मल्लिका, तुम संसार की द्वितीय किशोरी हो
जिसके दो अनुच्च स्तनों पर
सर्पदंश के दाग़
शायद तब भी बाक़ी था थोड़ा पाप
तुम्हारी श्वेत निर्जनता में
उसी लिए तुम्हारी असती जाँघ पर
एक उचाट कमलवन

मेरी कमीज़ की छाती वाली जेब में
किसकी दबी सिसकियों की आवाज़
कौन रोता है? एक गुप्त अत्याचार में
कौन करता है टुकड़े-टुकड़े
मेरे कुरते की सारी बटनों को

मल्लिका, अच्छा हुआ तुम मर गयीं
तुम्हारी मृत्यु, थक कर लौट गयी
ईश्वर
और छिपकली की उपत्यका को

सब रहता है

कुछ भी खोया नहीं मेरा
न प्रेम, न ग्लानि
न हवाई जहाज़ का टिकट

अतः पहुँचना पड़ता है
ऐसी तमाम जगहों पर
जहाँ दो-चार पहचाने मृत लोग
बारम्बार मिल जाते हैं
अरे! अरे! कहते ही
वे चले जाते हैं
पहले के सिनेमा हॉल के भीतर
चल रही हैण्डलूम प्रदर्शनी की ओर
फिर मैं उनके पीछे नहीं जाता

बीस, तीस मील के भीतर
कहीं न कहीं, रहता है एक समुद्र
दिन में पारा
और रात को स्याही होकर
ढल जाता रेत के ऊपर

रात को होटल लौटते समय

मैं देखता हूँ
एक भग्न मन्दिर
गप्पें लगा रहा है
अपने से पहले टूट चुके
किसी और मन्दिर के साथ

रास्ते के किनारे
एक पुराने काँच के गिलास के भीतर
टूटकर लुढ़क गया होता है चाँद

सुबह निकलते समय
सब रहता है
घर की चाबी, पिछली रात का सूखा पान
आँख में डालने की दवा
चालीस बरस पहले
मल्लिका का दिया
छाती का दाग़

सब रहता है
मेरा कुछ भी नहीं खोता

रोग

तुम जब कहते हो, वह तुम्हारे साथ
जो मन में आये, वो कर सकता है
कभी भी, कहीं पर और किसी भी तरीक़े से
वो अगर किसी गली या हाट में
तुम्हें बेच भी दे, तुम रहोगी उसी के साथ
तब क्या तुम जान नहीं पातीं
कि एक अदृश्य छुरा
उस वक़्त घुस जाता है
मेरे कलेजे में

कितनी सहजता से तुम हँसती हो, बात करती हो
हाथ की उँगलियों से सहला देती हो,
उसके माथे पर गिर आये केशों को
नमक और काली मिर्च के रंग के,
कितनी सहजता से, चाय पीने के बाद
मुझे बुलाकर दिखाती हो
वह विस्तीर्ण बिछौना, अपने शयन कक्ष का

और तुम्हारी क्षीणकटि कहती वह कहानी
जो तुम नहीं कहतीं। तुम क्या नहीं समझतीं
कि तुम्हारे आसपास, मैं खोजता हूँ अपमृत्यु

जो छप सके, कल के अख़बार के
पहले पृष्ठ पर

तुम्हारे प्रेम में, कितनी उदारता
और कितना निसर्ग त्याग
और किसी के लिए

मेरा प्रेम लेकिन, मेरा रोग है
जो जीवन भर रहेगा लाइलाज

मल्लिका का संलाप

—एक बार देखो

—ना, रहने दो, मैं आजीवन नतमुख

—सिर्फ़ एक बार देखो। मैं देखूँ
वह निरापद मुख। बारह वर्ष
विच्छेद, मेघ और बिजली
स्पन्दन और अंगीकार, आलोक तमसा
उसके भीतर कितना कुछ बदल गया

—क्या फ़ायदा?

—किशोरी से विकसित नारी
क्लान्त या स्तिमित आज
आँखों के तारों की आभा
या फिर वही अपापबिद्ध अम्लान प्रतिभा
पहले सी? मैं एक बार तो देखूँ

—ताज्जुब है। फिर भी दुख नहीं
पाप बोध नहीं
सिर्फ़ एक शाश्वत कौतूहल

क्या यह है भास्वर प्रेम
या फिर तुम्हारा आख़िरी कौतुक ?

—दिन था, जब समूची पृथ्वी को आड़ करके
मेरे सारे जागरण पर बिखरी थी
तुमसे विकीरित गाढ़े पीले रंग की
एक मायावी रोशनी
विह्वल नदी की देह पर जैसे सूर्यास्त

—रहने दो। सुनकर मेरा कोई लाभ नहीं
मरी तितली की तरह स्मृति
एकदम हल्की, मलिन और अलीक
धरते न धरते फिसल जाती
चूर चूर हो जाती
मेरी और स्पृहा नहीं

—दिन था, जब क़िस्सा था
अलौकिक राजत्व से वनवास तक
उसके बाद आया अदृष्ट
जिसका अर्थ तक अगोचर
और जिसने
बुझा दी, हमारी झिलमिल दीपावली
फेंक कर मुट्ठी भर रेत

—चुप हो जाओ! दुहाई तुम्हारी।
मैं एक साधारण लड़की हूँ
क्या मुझे राहत नहीं, शापमुक्ति नहीं ?

—पृथ्वी को दुख देने सा तुम्हारा रूप
कवि को निरस्त्र कर देता
क्या यह सामान्यता है?

—फिर वही लोभ, सम्मोहन
बारह बरस पहले का कौशल?

—देखो, यहाँ विदेश में
बेआवाज़ गिरती है बर्फ़
यहाँ नहीं मेरी देह, मेरा मुँह
यहाँ मेरी छाया भी नहीं पड़ती
निरुत्ताप आलोक के भीतर

—फिर किसलिए आये हो?

—कोई प्रत्याशा नहीं,
लोभ नहीं, अधिकार नहीं
क्षीण पवन की तरह
मेरी कविता निःशेष जर्जर
सिर्फ़ एक साधारण लड़की का रहस्य
जीवन और यतिपात, दोनों को आवृत्त कर
रह जाता

—फिर कौन सा रहस्य?

—मेरा मन करता है पूछूँ
तुम्हारे पास-पड़ोस के लोगों के नाम

तुम्हारी घर-गिरस्ती के छोटे-छोटे सुख-दुख
धूप, बारिश, ऋतु परिवर्तन
क्या तुम्हारी रात निद्राहीन और
नींद क्या स्वप्नहीन?
और सपनों का भी रंग क्या
तीव्र या मलिन?
क्या तुम हो हिमयुग?
या कोई गर्म गीली इच्छा
अभी भी सक्रिय कर देती, तुम्हारे निःश्वास को
कभी-कभार?

—तुम लौट जाओ
मुझे नहीं पता इतनी बातें
मैं नहीं जानती सुख क्या है
मेरा बड़ा सरल और रेखिक जीवन है
उससे विच्युति होने पर दुख, और पतन
मेरी नींद में स्वप्न नहीं, स्वर्ग-नर्क नहीं
मेरी नींद स्वस्थ, अकेली
वहाँ अँधेरे के भीतर अँधेरा

परोक्ष में मल्लिका

चिड़ियों की नींद का हल्कापन
वृक्ष की सुगन्ध
ओस में मौजूद जलातंक
माँसल बादल का स्नेहसार
आग की लपट की तिर्यकता
घुड़सवार के जाने के बाद
विरलाती ख़ाकी धूल
ढरकते आँसू की द्युति
धुँधली चाँदनी के डाक बँगले में
मन्दिर के मेहराब के भीतर
देवता की स्नेहस्निग्ध देह
झाऊ के जंगल में
पेड़ और पेड़ का जीभ चाटना देख कर
दक्षिणी समुद्र की दबी हँसी
खिल चुकी माटी की दीवार
छुरे की धार की जंग

यह सब भी
कविता का उपपाद्य लेकिन
वह सब कविता मेरी कुण्डली में नहीं

मैं सिर्फ़ भोग रहा हूँ
अपनी तमाम कोशिशों के बावजूद
कटक की एक क्षमाहीन लड़की के
मुझे ना कर देने का पराभव
जीवन भर
आदिम नक्षत्र के
रक्तमेघ के साथ बातचीत
मुझे क्या पता?

निर्जनता

चाँद गिर पड़ता अकस्मात्
पानी के भीतर
आवाज़ नहीं होती

काली साड़ी सी रात
खुल जाती, अलग हो जाती
पृथ्वी की उत्तप्त देह से
आवाज़ नहीं होती

ऐसी अक्षमता आज
धान खेत, पहाड़
और कुण्ठित तारों में,
रुई की तरह उड़ जाता बेआवाज़
बचा हुआ साहस

हवाई जहाज़ की खिड़की से
दिखती नहीं आकाशचारिणी
पुराने दाग़ की तरह
जल उठते अक्षांश और देशांश
आवाज़ नहीं होती

मैं वैसे ही बैठा रहता हूँ
अधखुली किताब की छाती पर
सिर रखे
मेरे इन चुम्बकीय होंठों से
ज़्यादा निर्जन
पृथ्वी में और कुछ भी नहीं

तुम और क्या ला सकती हो दुख के सिवा

परिणति

वह प्रेम, वह चाहत
वह निर्निमेष प्यार
वह बारिशधुली धूप
वह ईर्ष्याभरा मोह
वह पैदल चलना, गीत लिखना
वह धूप में पियराया शहर

वह आलोकधुला पानी
वह उधार लायी गयी कहानी
क्षमाहीन मुख
वह धैर्यहीन हवा
वह बनारसी साड़ी पहना स्वप्न

वे हल्के रुई के बादल सारे
क्या और बाक़ी रहा?
सिर्फ़ पेड़ की डार पर
एक परिणत फल की अपेक्षा के सिवा

धूसर रंग का दुख

धूसर रंग का दुख झर जाता
उसकी आँखों के जलप्रपात से,
उन आँखों में बादल है, बिजली भी है
चाँदी के प्रेत सी शब्दहीन एक कार
बढ़ जाती अस्तरंगी सूर्यास्त की ओर
उसके चारों तरफ़
हवा है, सुगन्ध है
बिसर चुके भूगोल की
खण्डहर शहर और गुमशुदा नदी की

वह ताकती खिड़की से
दिग्वलय सा रास्ता
रास्ते के दूसरी तरफ़
कारचालक हाथ उठा कर कहता,
विदा! अलविदा!

वह खिड़की बन्द कर देती
नन्हे नन्हे तारे
और अभ्रक चूर्ण लगी ओढ़नी से
पोंछ लेती आँखें
सफ़ेद दीवार, धुँधला कमरा

उसके भीतर अकेली छटपटाती
एक छोटी सी कहानी
नींद की, भूख की
इससे ज़्यादा वो है क्या?

उम्र

उम्र बढ़ने पर
ऊँची और विस्मयकर इमारतें भी
छोटी दिखती हैं। प्रतिध्वनि लौट आती पास
अप्रतिभ होकर
न सफल लगता, न विफल

ना, अब और सपनों की लाल बारिश नहीं
अँधेरे सीढ़ीघर के पास
समय इन दिनों एक गुप्त छुरे की तरह
ताकता रहता हवा में डोलती निशस्त्र देह को

ना, अवहेलिता नहीं रही अब राजपथ की बालिका
मैं भी नहीं रहा कटक का रणी राजपुत्र
कि हाथ पकड़कर ले जाऊँ मल्लिका को स्वर्ग में, नर्क में

उम्र बढ़ने पर झिलमिल शोक की पोशाक
और फबती नहीं, छोटी दिखती
इच्छा होती किसी भी क्रीतदास को बुलाकर
दे जाता उत्तराधिकार। बैंगनी रंग का मुकुट
नींद और शौक़ीन दुख, नीला अहंकार

प्रतिध्वनि लौट आती,
प्रेम नहीं किया जाता, घृणा भी नहीं की जाती
ना, सफल लगता, न विफल

अश्रु

वह अश्रुसर्वस्व आदमी
उसका क्या साहस?

वह निर्जन राजापन
वह कुबेर की अकूत की सम्पत्ति
सुघड़ गुलाब का लोभ
उस संदिग्ध सूर्यास्त की स्मृति
उसे केवल बेचैन करती
वह अश्रु की अन्तर्गति देखता
काँच सी निर्मम हँसी में
पानी, वह सिर्फ़ पानी
हालाँकि बदक़िस्मती से
वह इन दिनों खेलता कूदता है
आग, रेत और बर्फ़ के साथ
मृत तितली का रंगीन चँदोवा
उसके नीचे चींटियों की शोभायात्रा सी
वह महज़ एक धार, एक लकीर
दुहाई वह अखिल अश्रु की

कापुरुष

खड़ा होऊँ दोनों हाथ पैंट की जेब में डाले
इतनी हिम्मत कहाँ? ठण्डी और रखीली बारिश
होती रहे। तिपहर तीन का सूरज थरता रहे हाड़ के भीतर
फूलों के बग़ीचे में झरती रहें मिलनसार पंखुरियाँ
उसने बुलाया टेलिफ़ोन करके। इतनी हिम्मत कहाँ
पहुँच जाऊँ, बात मान कर अकेले, ठीक समय पर

नींद से जागते ही लगता है बहुत अकेला
इन दिनों इच्छा थी एक छोटी सी खोज की
जिसके बाद, जिस किसी घर में, किसी भी औरत के साथ
फिर से रहा जा सकता, धीर और निजी प्रतीक्षा में
फिर से कट गया होता जून मास। कहानी सुनते-सुनते
फिर से जानी जा सकी होती प्रतिक्रिया। और भला साहस
कहाँ
मना कर देने का, हँसते-हँसते लौट जाते समय

याद आती फिर उसकी दुबली देह। कुर्सी पर
बैठी रहने के बावजूद वह जैसे थरती थी। और उसका गुनगुन
गाना
बारिश में मुझे कर देता उत्तेजित। बारिश सा ठण्डा

और राखरंगी उसका मुख और उसकी भयार्त्त आवाज़ काँपती
निरुत्ताप दिन के तीन को, उसे बुलाकर सोने की इच्छा
होती है, पीले पुआल के बिछौने पर। सुनते-सुनते उसकी
ना, ना, बेशुमार लाल फूलों से
उसकी अँजुरी भर देने की इच्छा होती है।

पर इतना साहस कहाँ?

सुयोग

एक बार दो सुयोग मुझे प्रियतमा
जैसे कि कर सकूँ मैं तुम्हें क्षमा
नदी फिर वापस पाये अपनी गति
फिर न जमे निराशा की रेत वहाँ

एक बार दो सुयोग मेरे गीत को
कितना कुछ खोज रहे मेरे हाथ को
एक बार सुयोग पाये अलग मुख
अलग होंठों की हँसी, आँखों का आँसू

वरन एक बार लो सुयोग तुम कभी स्वयं
यही जीवन हो जाये फिर अन्य रक़म

एक बार दो सुयोग ध्रुव तारा को
सात तारों के पार जाने को
कई दिनों से मैं इस अँधेरे घर में
देख रहा अपना चेहरा काले दरपन में
एक बार सुयोग पाये, अँधेरा ये घर
कि हो जाये आलोकित यह अन्त:पुर

वरन एक बार लो सुयोग तुम कभी स्वयं

यही जीवन हो जाये फिर अन्य रक़म

एक बार सुयोग दो प्रियतमा
जैसे कि कर सकूँ
एक बार और तुम्हें क्षमा

चाँदनी लाती तितली

चाँदनी लाती तितली
बंशी लाती माया
आँखें लातीं दरपन,
तो भौंहें लातीं छाया
दुख के सिवा और क्या है लाने को पास तुम्हारे
मलिन हाथ में तुम कलंक की बकुलमाल हो धारे

सिहरन लाती वनलता
लोतक लाता प्रेम
थकन लाती ओस झरन
मरण लाता श्याम

दुख के सिवा और क्या है लाने को पास तुम्हारे
मलिन हाथ में तुम कलंक की बकुलमाल हो धारे

चातक लाता बादल की चिट्ठी
सावन लाती नदी
फागुन लाता बन्दीशाला
समय लाता स्मृति
दुख के सिवा और क्या है लाने को पास तुम्हारे
मलिन हाथ में तुम कलंक की बकुलमाल हो धारे

छोड़ो

खोल छोड़ दो
चमचम करती छुरी
कक्ष छोड़ दो तारे
धुरी छोड़कर लौट आओ चक्के
कटक के राजपथ में
जाती है जो एकाकी बालिका
ओ मेरे दीर्घश्वास
उसका रास्ता छोड़ दो

उदास देवता
मेरे प्रतिफलन के
तुम छोड़ो अभ्यन्तर, दरपन के काँच,
त्यक्त कूप जल
छोड़ो तुम निर्मलता
आँसू, छोड़ो आँखें
कटक में रिक्शे पर गुज़र रहा
एक अद्‌भुत चन्द्रमा
क्या तुमने उसे देखा है
नीड़त्यक्त पक्षी ?

शव छोड़ो शीतलता

सन्ध्या, छोड़ दो धुआँ और ओस
तीर छोड़ो तूणीर
शब्दभेदी अन्धकार में
शय्या छोड़, उठ बैठो स्वप्न
देखो आज कौन आया है
कटक के नग्न श्मशान से
एक हाथ में फूल
और सिसकियों से गीला
अन्य एक हाथ लिये

रुदन

जिस दिन मैं रोया, वही दिन अखण्ड पूर्णिमा
आँसू की बकुलवेणी
तुम तो जानतीं नहीं करना क्षमा

जिस दिन मैं रोया हूँ
क्या कोई जानता है? उस दिन
कोई तो न था यहाँ
सिर्फ़ एक दिव्य प्रवंचना
चाँद होकर आयी थी
जिस दिन मैं रोया हूँ
सफ़ेद एक बेआवाज़ गाड़ी में
गीला करके गाल और रूमाल
जिस दिन मैं रोया हूँ,
वह एक निःशब्द रुदन की भूमा
चराचर व्याप्त
वही दिन अखण्ड पूर्णिमा

जिस दिन मैं रोया हूँ
किसमें दम है कि पोंछ देगा
पिघले रूप के आँसू
मेरी आँखों के सफ़ेद ज़ख़्म से

जिस दिन मैं रोया हूँ
वही दिन, संध्या की शान्त बेला

जिस दिन मैंने बहाये
अपने अधिकांश मूल्यवान् अश्रु
उस दिन कोई नहीं था
निर्निमेष इस रोने के सिवा

बाक़ी

जाने के बाद भी तू इतनी रह गयी बाक़ी
कि ले आती मेरी आँखों में आँसू फिर से बुला कर
वही पुराना लोभ, वही पुराना मोह
तू ले गयी जितना, उससे कहीं ज़्यादा गयी छोड़

कभी झरना बनी, कभी हुई वातास
कभी रोशनी बनी, कभी हुई अमावस
यह पृथ्वी स्वयं अपने चक्रपथ में,
तुझे देखने के लिए थोड़ी झुक सी गयी

कभी एक दिन जहाज़ था, एक दिन व्यापार था
तेरी आँखों के भीतर सब ग़ायब हुआ
तू गयी तो गयी, जो फेंक कर गयी
अब इस कमरे में शून्य, और उस कमरे में कटमट

तुम्हारा और मेरा स्वप्न

तुम्हारे सोते समय, मेरी इच्छा हुई
मैंने देखा, तुम्हारी तरह दिखते निद्रित मुख को
कौन तुम ? तुम तो मेरी जीवनसंगिनी नहीं
जिसे मैंने जाना था, दुख की तरह, रात और दिन की तरह
तुम तो इतनी कमउम्र हो, तुम क्या मेरी बेटी हो
या मेरी बेटी की सहेली, तरुणी विधवा
या फिर तुम मेरा अन्तिम प्रेम हो, जिसके अन्त में
अभी और बाक़ी हैं पाँच-सात साल
सड़ते हुए मेरे इस जीवनकाल के

तुम सोयी थीं, सो तुम्हें न पुकार कर
मैंने झाँका तुम्हारे स्वप्न के भीतर
तुम्हारी पलकों के नीचे
अभ्रक के चूरे की तरह
कठिन और मसृण सपनों की शोभायात्रा तिरती थी
वह सब परिष्कार, परिच्छन्न
घर, छवि, राजपथ, पुरुष, प्रेमी
नीली रात, तारे

और पारे की बूँद सा टलमल लोभ
वह सब कुछ स्पष्ट दिखता, सब कुछ आलोकित

सपना तुम्हारी ताबीज़, तुम्हारा कवच
तुम्हारी निद्रित देह की
इच्छा करने के समय ही मैंने जाना

और जाना, कि एक दिन ख़त्म हो जायेगा युद्ध
और दुर्भिक्ष भी, नवान्न मिलते ही
इस समय के सभी कोण टूट जायेंगे
समय आने पर
मृत या जीवित या गुमशुदा, मैं आकर मिल जाऊँगा
तब तक स्मृतिहीन, तुम्हारे स्वप्न में

सोचा था, एक बार बुलाया होता तुम्हें
मेरे अपने सपने के भीतर
लेकिन मेरे स्वप्न में है क्या
बिछौने के चादर सी मुड़ी सिकुड़ी पृथ्वी के सिवा
जहाँ नहीं जनमता कुछ भी, स्मृति और तिक्तता के सिवा
रोने से चाँदरात पड़ जाती काली

मेरे सपने में क्या है
बल्कि मेरे सपने से कुछ ही दूर
कई साल पहले जहाँ
नदी थी, जलधारा थी
वहाँ आजकल घुटना तक न ढाँप पाते
गमछा पहने आदिवासी और एक विदेशी पादरी के
कुछ समझ में न आने वाले रोदन और बातों में
एक लाश, उसी एक स्त्री की
हर दिन जलायी जाती है।

इस तरह के सपने को
कौन भला चाहेगा लेना

तुम्हारे सोते समय
मेरी इच्छा हुई
पवित्र को कलंकित करने की
जैसे कपोल को करती कलंकित अश्रु की सुषमा
दो धार आँसू बह जाने के समय
मैंने अपने को रोक लिया

ठीक है, ऐसे ही तुम सोयी रहो और थोड़ा
आततायियों की गोलियाँ ख़त्म होने तक
तुम्हारा स्वप्न जारी रहे
और थोड़ा वक़्त बीते, और थोड़ी धूप बिखरे
तुम्हारे सारे सपने पर
मेरे रक्त की पूर्व दिशा से

मल्लिका का बुख़ार

पूर्वाभास

कई बरस पहले, जब सेलफ़ोन नहीं था, हवाई जहाज़
एक विस्मय था, हर रविवार की शाम कटक
आकाशवाणी की 'आपकी पसन्द' वाली
महफ़िल में सारा ओड़िशा अक्षय महान्ति के
गानों का इन्तज़ार किया करता था, उस समय
मैं कटक के 'ला मैग्नीफिको' में बेपुख़्ता
हाथों से सिला एक टेरेलिन सूट लेकर कोलकाता
गया था। इसलिए कि स्टेट बैंक ऑफ़ इण्डिया के
अधिकारी पद के लिए मुझे इण्टरव्यू में जाना
था। लौटते समय चौरंगी में शाम हो चुकी थी।
पूरे आसमान भर काले और रखीले बादल छाये
हुए थे, जैसे गंगा तट में देखने को मिलते हैं।
कोलकाता में लाल हरी ट्रैफिक बत्तियाँ अभी हाल
में ही शुरू हुई थीं। अचानक लाल बत्ती जली
और सारी गाड़ियाँ थम गयीं। स्तब्ध हो गयीं।
आकाश के करुण विषाद भरे उजाले को,
शहर की प्राक्सन्ध्या को अँधेरा निगल रहा था।
जाने क्यों अचानक मुझे लगा कि मल्लिका को
बुख़ार हो गया है। अगर नहीं, तो समूचा कोलकाता
इस तरह उदास क्यों लगता? पिछले पैंतालीस

वर्षों में यही एक दृश्य मेरे मन में बारम्बार
उभरता रहा है।
पर मल्लिका सिरीज़ की यह कविता
बिलकुल नयी है।

मल्लिका का बुख़ार

मल्लिका को बुख़ार आ गया
इसीलिए कटक भुवनेश्वर में
सारे ट्रैफिक लाइट हैं लाल
हर सिपाही के मुँह में सीटी के बदले
थर्मामीटर है

मल्लिका को बुख़ार है
इसीलिए तमाम वृक्षों के सारे पत्ते
रंग बदल कर हो गये हैं पीले

मल्लिका का बुख़ार बढ़ रहा है
पार्क में हवा नहीं
मॉल में ख़रीद-बिक्री नहीं
आइनेक्स में फ़िल्म नहीं
पारे के भीतर लम्बी हो गयी है लकीर

शहर में कर्फ़्यू जैसी हालत है
मुख्यमन्त्री ने अपना दौरा
रद्द कर दिया है

मल्लिका का बुख़ार बढ़ रहा है
दिन को तीन बजे के वक़्त रेडियो में

सिनेमा के गानों के बदले
बज रही है सितार में शोकधुन

दवा खा ले मल्लिका
मुँह खोल
मल्लिका के पूरे चेहरे पर वितृष्णा
साजिश की तरह उलझे-पुलझे बाल
उसे दवा से मितली आती है

बुख़ार शायद थोड़ा कम हुआ
मल्लिका के माथे पर
कार्तिक के आकाश के तारों सा
बूँद-बूँद स्वेद

मेरे पास मत आओ
बुख़ार डहाँक[१] जायेगा
मल्लिका ने चेतावनी दी
इतने बुख़ार में भी
गया नहीं उसके यौवन का औद्धत्य

बुख़ार डहाँक सकता है!
बग़ैर आलिंगन के
कितने उत्ताप की बदख़र्ची तो
तू कर चुकी मल्लिका?
दो दिन के बुख़ार में

और मैं, जो जीवन में सारे तपते रेगिस्तान

डहाँक कर
पहुँचा हूँ तेरे पास, इस दुपहर
वह क्या
तुझे बिना छुए लौट जायेगा

१. ढहाँक : कूदना/बुख़ार कूद जायेगा।